AF227424

Séance publique du 12 janvier 1868.

ÉLOGE

DE

M. LE Mⁱˢ DE SAINT-FÉLIX MAUREMONT,

Par M. Octave DEPEYRE.

Messieurs,

On a bien souvent médit des éloges académiques. Dans le dernier hommage que nous rendons à la mémoire d'un confrère, certains esprits ne veulent voir qu'un nouveau tribut payé à la vanité humaine : ils ne comprennent pas combien il peut y avoir de salutaires enseignements dans le récit d'une vie qui fut vouée à de nobles labeurs et quelquefois rehaussée par des actions d'éclat ou par de beaux dévouements ; et tandis que dans ces purs souvenirs nous cherchons pour nos âmes des leçons qui les élèvent et les fortifient, ils s'obstinent à ne trouver dans notre langage que les bienséances vulgaires d'un panégyrique obligé.

De semblables reproches ne sauraient nous émouvoir, et, toujours fidèle à une pieuse tradition, l'Académie se plaît à honorer ceux qu'elle a perdus par la manifestation publique de ses sympathies et de ses regrets, elle se plaît surtout à demander à leur mémoire des encouragements et des exemples.

Vous avez bien voulu, Messieurs, me confier l'éloge de M. de Saint-Félix Mauremont; je vous remercie de cette faveur, car jamais tâche ne fut plus honorable, et aussi plus douce à remplir. Je lui dois d'avoir pénétré dans l'intimité d'une âme d'élite, qui n'eut ici-bas d'autre mobile que l'honneur, d'autre passion que le devoir; qui, supérieure aux faveurs et aux inconstances de la fortune, ne se laissa ni éblouir par la prospérité ni ébranler par les coups du sort; qui subordonna toujours les visées de l'ambition aux sévérités d'une conscience inflexible, et qui, rejetée un jour des agitations de la vie publique dans l'inaction de la vie privée, sut trouver dans les austères plaisirs de l'étude une heureuse compensation à des dignités dont elle avait connu tour à tour l'éclat et le néant.

Armand-Joseph-Marie, marquis de SAINT-FÉLIX MAUREMONT, ancien préfet, ancien député, mainteneur des Jeux Floraux, membre de plusieurs sociétés savantes, officier de la Légion-d'Honneur, chevalier de Saint-Jean de Jérusalem, était né en 1784 au château de Mauremont. Il appartenait à une noble et antique maison, dont les diverses branches avaient, pendant plusieurs siècles, fourni tour à tour de vaillants soldats à la France, de preux chevaliers à l'ordre de Malte, de savants et courageux magistrats au Parlement de Toulouse. Parmi ces derniers, nos annales ont gardé le souvenir de Claude de Saint-Félix, qui fut procureur général à notre Parlement pendant les trente années les plus tourmentées du seizième siècle, ne conserva sa charge qu'au prix de luttes et de périls sans cesse renaissants, et se montra toujours en face des violences de la Ligue un des plus fermes soutiens de l'autorité royale. Lorsque le Victorieux à la barbe grise convoqua les états dans la ville de Rouen, il fut appelé à siéger parmi les notables du royaume ; quelque temps après, il était chargé par Henri IV de l'exécution de l'édit de Nantes dans la province du Languedoc, œuvre de paix et de réconciliation qui était digne de ses talents et de son patriotisme.

Mais Armand de Saint-Félix n'avait pas besoin de rechercher des encouragements et des modèles dans un passé aussi lointain ; il les trouvait bien près de lui dans la longue et brillante carrière de l'amiral Germain de Saint-Félix, et vous me permettrez, Messieurs, d'emprunter à la vie du père quelques traits qui serviront de préface à l'éloge du fils. Aussi bien il y a des pages dans cette vie qui ont tout l'attrait d'une légende.

Germain de Saint-Félix n'avait que douze ans lorsque, voulant aller rejoindre un de ses frères qui servait dans un régiment de chevau-légers, il s'échappa du manoir paternel, et du fond du Languedoc partit à pied pour Paris. L'enfant mena à bonne fin cette hardie entreprise ; il rencontra à quelques lieues de la capitale un détachement de chevau-légers, se fit reconnaître par les camarades de son frère, et dut à cet heureux hasard de faire à cheval son entrée dans Paris. Ce périlleux voyage ainsi accompli par un écolier de douze ans devint le sujet de récits merveilleux, et le jeune aventurier fut admis comme page auprès de Mademoiselle de Charolais, de la maison de Condé ; mais il ne tarda pas à quitter ce paisible refuge, et, quelques années après, Germain de Saint-Félix était devenu l'un des plus brillants

officiers de l'escadre commandée par le bailli de
Suffren.

C'était l'heure où le succès de nos armes et l'abaisse-
ment de l'Angleterre arrachaient au patriotisme
du vieux Chatam des imprécations et des larmes. Pendant les glorieuses campagnes d'où sortit l'indépendance américaine, Germain de Saint-Félix fut de tous
les combats ; blessé dans l'un, fait prisonnier dans
l'autre, échangé le lendemain et courant aussitôt af-
fronter de nouveaux périls. Dix ans plus tard, devenu
vice-amiral, il commandait notre station navale dans
la mer des Indes lorsque la révolution, qui bouleversait
la France, fit irruption dans nos colonies. Nous
sommes à la fin de l'année 1793 ; dans la partie la
plus abrupte de l'île Bourbon, aux flancs d'un ravin
presque inaccessible, sous un abri de rochers et de
feuillages, un homme se cache, sa tête est mise à prix,
c'est l'amiral de Saint-Félix. Fomentée par les assemblées populaires qui obéissent aux exemples de la mé-
tropole, une émeute a envahi le palais du gouvernement, et l'amiral a dû fuir devant elle. Pendant plusieurs semaines, un jeune officier de l'escadre est venu
lui apporter des secours et des vivres ; un jour, soup-
çonné ou trahi, il est arrêté, assailli, et menacé de
mort s'il ne révèle point l'asile mystérieux où se cache
l'amiral. « Ma vie est entre vos mains, répond-il
» aussitôt, mais vous n'obtiendrez rien de moi ;
» lorsque je quittai la France, je fus confié à M. de Saint-
» Félix, il m'a servi de père, je voudrais lui donner
» aujourd'hui ma jeunesse et mes forces pour qu'il
» échappe à ses ennemis. » On ne put arracher son
secret à cet intrépide jeune homme, et il fut jeté dans
un cachot : il se nommait Joseph de Villèle.....
Nous le retrouverons au cours de ce récit.

Privé désormais de tout secours, en proie aux tortures de la faim, l'amiral de Saint-Félix abandonna sa retraite et alla se livrer à ses persécuteurs. Transféré à l'île de France, il y subit une longue et douloureuse captivité, put croire plus d'une fois qu'elle n'aurait pas de lendemain, et ne dut sa délivrance, sa vie peut-être, qu'à la chute de la faction terroriste. Il recouvra alors sa liberté, mais il ne put recouvrer la fortune de Madame de Saint-Félix, fortune coloniale qui avait sombré presque tout entière dans les désastres de la révolution. Après avoir longtemps cherché à en recueillir quelques épaves, l'amiral rentra en France, où il avait laissé une femme et quatre enfants; il retrouva les enfants, il ne retrouva pas la mère : elle était morte depuis bien longtemps, broyée par des angoisses que l'incertitude et l'éloignement avaient rendues trop cruelles pour qu'elles ne fussent pas meurtrières.

Ce n'est pas inutilement, Messieurs, que je viens de rappeler ces nobles et touchants souvenirs; connaissant la vie du père, vous comprendrez mieux la vie du fils. Armand de Saint-Félix avait huit ans lorsqu'il perdit sa mère; quant à son père, l'ayant à peine entrevu pendant les courtes apparitions que celui-ci avait pu faire en France, il ne retrouvait plus dans sa mémoire que quelques traits à demi effacés de cette chère image; mais il connaissait déjà tous les hauts faits de sa glorieuse carrière, et, plus d'une fois, en entendant d'héroïques récits, l'enfant avait tressailli sur les genoux de sa mère. Puis, il vit la noble femme s'éteindre dans les larmes, et put comprendre alors combien terribles étaient les dangers qui en ce moment menaçaient l'amiral et le retenaient, au-delà des mers, prisonnier d'une population en délire.

Ainsi, à cette heure, où s'entrouvrent à peine aux

regards curieux de l'enfant les premiers horizons de la vie intellectuelle et morale, où ce n'est pas trop du rayonnement de deux amours pour féconder dans la jeune âme qui va s'épanouir les germes précieux que la main de Dieu y déposa, tout manquait à la fois à Armand de Saint-Félix. Avec lui et comme lui, trois autres enfants restaient orphelins à ce foyer désert, et le coup qui les frappait s'aggravait encore de la situation présente du pays. La révolution avait tout renversé; autour d'eux, que d'existences brisées, que de fortunes détruites, que de ruines amoncelées! La providence avait pourtant ménagé à ces malheureux enfants la tendresse et les soins d'une seconde mère. Une sœur de l'amiral, Mademoiselle Antoinette de Saint-Félix, leur consacra toutes les ressources d'une intelligence supérieure, toute l'énergie d'un cœur aimant et dévoué. Elle réussit à leur donner les premiers rudiments d'une forte éducation, et elle sut aussi, pendant cette période si profondément troublée, sauvegarder ce qui leur restait de la fortune des aïeux.

Lorsque les temps furent devenus plus calmes, Armand de Saint-Félix fût envoyé à Juilly où, réunis de nouveau après l'orage, de doctes et pieux oratoriens essayaient de relever les débris de leur célèbre maison. Ce que furent les études du nouvel élève de Juilly, ceux qui ont connu M. de Saint-Félix peuvent aisément le comprendre. Le travail a été la passion dominante de toute sa vie; à l'heure où la mort est venue le frapper, octogénaire, il travaillait encore. Souvent, d'ailleurs, l'homme qui a subi de bonne heure les rudes atteintes du malheur puise dans cette douloureuse initiation une précoce maturité. Armand de Saint-Félix avait ressenti cet ébranlement salutaire; grave et sérieuse, sa jeunesse en portait l'irrécusable empreinte.

Lorsqu'il quitta Juilly, il vint s'établir au château de Mauremont, le berceau bien-aimé de sa famille. Dès l'année 1806, la Société d'Agriculture de la Haute-Garonne lui décernait une médaille d'or, et si je rappelle ici cette distinction, accordée à un jeune homme de vingt trois ans, c'est parce qu'elle nous montre comment peu soucieux des plaisirs si recherchés à cet âge, il avait, sans perdre un seul jour, voué ses facultés aux études et aux expériences utiles. Cependant les travaux agricoles, si attrayants qu'ils fussent pour lui, ne l'absorbaient pas tout entier, et déjà à cette époque il s'efforçait d'acquérir, dans les voies les plus diverses, ce fonds d'érudition inépuisable que révélèrent plus tard de si nombreuses et si intéressantes publications.

Aussi bien la vie à Mauremont était devenue douce et facile. Armand de Saint-Félix avait uni sa destinée à celle d'une femme que, bien mieux encore que sa naissance, la distinction de son esprit et la noblesse de ses sentiments rendaient digne de lui. D'un autre côté, l'amiral était rentré en France, et ne voulant rien demander au pouvoir, il était allé chercher auprès des siens l'indépendance et le repos. La famille avait reconquis son chef, Armand de Saint-Félix avait retrouvé son père, et la mort seule devait désormais les séparer. Quels beaux exemples et quelles austères leçons ce père vénéré apportait avec lui ! L'intrépidité dans le devoir, le courage dans l'adversité, l'amour ardent de la patrie, la fidélité inviolable au drapeau, voilà ce que racontait son passé : c'était l'image du vieil honneur vivante à ce foyer ; ces virils enseignements ne furent pas perdus, j'en attesterai tout à l'heure la vie entière du fils.

Tandis que M. de Saint-Félix vivait ainsi dans une paisible et studieuse retraite que charmaient les plus pures affections du cœur, les événements du dehors redoublaient de vitesse et entraînaient le pays vers une lamentable catastrophe. L'empire s'écroula sous le poids de ses désastres; ni les efforts surhumains du génie, ni le sang de la France, héroïquement prodigué, ne purent empêcher cette expiation suprême que Dieu réserve aux délires de l'ambition, et dont il se plaît à faire une leçon, bien moins encore pour les conquérants qu'il précipite du faîte que pour les nations aveugles qui s'étaient livrées à eux.

La Restauration ouvrit à M. de Saint-Félix l'entrée des fonctions publiques. Nommé Sous-Préfet à Villefranche-du-Lauragais, il y resta jusqu'en 1819, et cessa ensuite, pendant près de trois années, d'appartenir à l'administration. Deux fois, dans le cours de sa carrière, il eut ainsi à subir le contre-coup de ces oscillations diverses qui sont la condition obligée des gouvernements représentatifs; deux fois, il le subit sans se plaindre. C'est qu'il était de ceux qui ne savent point servir à demi, estimant avec raison qu'il n'y a de dignité dans l'obéissance que là où l'obéissance est inspirée par le dévouement. Il ignorait complètement l'art des transitions, et, fonctionnaire amovible, jamais il ne songeait au ministre du lendemain. L'honnêteté politique a évidemment des degrès; d'autres avaient plus d'habileté, sans cesser pourtant d'être honnêtes, mais en se trouvant moins habile M. de Saint-Félix se sentait aussi plus honnête qu'eux.

En 1823, il rentra aux affaires, sous le bienveillant patronage d'une amitié qui ne lui fit jamais défaut, et dont il se montrait, à juste titre, aussi fier que reconnaissant. Vous n'avez point oublié, Messieurs, ce jeune aspirant de marine qui, en 1793, s'était si généreusement dévoué au salut de son chef; nous l'avons suivi ensemble dans le ravin de l'île

Bourbon où se cachait l'amiral de Saint-Félix , nous avons admiré son intrépide maintien au milieu de la foule ameutée contre lui , prêt a lui livrer sa vie plutôt que son secret. Nous aurons peine maintenant à le reconnaître tant il a grandi sur le nouveau théâtre où les événements l'ont conduit. Nous le retrouvons au milieu des assemblées de la Restauration , exerçant sur les destinées de son pays une influence longtemps souveraine ; chef puissant d'un parti qu'il a discipliné par sa sagesse ; orateur éloquent sans aucun des prestiges de l'éloquence , n'ayant ni les accents qui vibrent, ni le geste qui commande , ni le charme qui séduit , ni la passion qui entraîne , et dominant néanmoins tous les orages du forum par le seul ascendant d'une parole simple comme le bon sens , décisive comme la raison , transparente comme l'air où se joue la lumière ; possédant par dessus tout cette force suprême de l'homme d'état , le génie des affaires ; les discutant à la tribune avec une vigueur et une précision merveilleuses , les gouvernant ensuite avec un ordre admirable et cette habileté dont parle Bossuet qui ne laisse rien à la fortune de ce qu'elle peut lui ôter par prévoyance ; appelé enfin dans les conseils de la couronne et y tenant une place si haute , qu'on pourra dire de lui au jour de sa chúte qu'il emporte en se retirant le salut de la monarchie.

Vous connaissez les anciennes et intimes relations qui unissaient M. de Villèle à la famille de M. de Saint-Félix. Dès longtemps il avait pu apprécier les aptitudes de celui-ci. Devenu ministre, il s'empressa de les employer au service du roi et au bien du pays ; M. de Saint-Félix fut nommé préfet du département du Lot. J'ai interrogé dans ce pays, qui est le mien , les demeurants de cette époque , et j'ai recueilli auprès d'eux , sur une administration qui dura près de six années , les plus précieux témoignages , les plus honorables souvenirs. Ardent au travail , M. de Saint-Félix ne tolérait pas de défaillances autour de lui , et il obtenait ainsi des autres , par le stimulant de ses exemples , bien plus qu'ils ne lui auraient donné par obéissance et par devoir. Son esprit vigilant et exact aimait à pénétrer dans tous les détails , son zèle et son activité se déployaieut partout. Aussi ceux-là même qui étaient ses adversaires politiques , se plaisaient-ils à rendre hommage à sa vie laborieuse , à la sagesse de ses vues , à son énergique devouement pour les intérêts qui lui étaient confiés.

On se rappelle encore dans le département du Lot l'heureuse impulsion que M. de Saint-Félix imprima aux travaux publics. C'était une rude tâche à entreprendre dans un pays où les hommes sont faciles , mais où la nature est trop souvent rebelle. Il n'y a pas de contrée en effet dont les aspects soient plus changeants , les accidents plus divers. Ici le Lot roule ses eaux rapides dans le lit étroit qu'il s'est creusé entre une double haie de montagnes , aux sommets abruptes et aux flancs dénudés ; plus loin les montagnes s'abaissent , elles s'éloignent , la vallée s'élargit , et tandis qu'elle offre à chaque pas des merveilles d'abondance et de fécondité, sur les pentes des coteaux que le soleil semble avoir colorés de ses plus chauds rayons les vignes étagées en amphithéâtre déroulent leurs pampres verts. Arrivé sur les hauteurs , vous trouvez de larges plateaux rarement fertiles , arides souvent , rudes à l'œil, coupés de loin en loin par un rideau de chênes ou par quelques bouquets de châtaigniers , se terminant tout à coup par des falaises profondes , taillées à pic , et au pied desquelles serpentent de nouvelles vallées et de nouveaux cours d'eau. C'est ainsi que se succèdent tour à

tour dans notre Quercy les paysages les plus riants et
les sites les plus austères. Mais le pittoresque a par-
fois ses excès, et il était mal aisé de vaincre tous ces
escarpements, de corriger tous ces soubresauts de là
nature et d'ouvrir des communications faciles sur un
sol aussi tourmenté. Lorsque M. de Saint-Félix arriva
à Cahors, les principales villes du département n'é-
taient reliées entre elles que par des routes impratica-
bles. Aussitôt il se mit courageusement à l'œuvre,
mais on ne connaissait pas alors cette hardiesse dans
les emprunts et les accroissements d'impôts dont on
a plus tard si largement abusé, et il ne put réaliser
qu'en partie les grands travaux qu'il avait préparés ;
il lui resta du moins l'honneur de les avoir conçus et
celui de les avoir commencés.

En 1828, les changements survenus dans les
hautes régions du pouvoir obligèrent de nouveau
M. de Saint-Félix à une retraite momentanée ; en
quittant le département du Lot, il y laissa des amitiés
qui jamais ne l'oublièrent ; de son côté, il gardait
de ce pays, de l'accueil qu'il y avait trouvé, des relations qu'il y avait eues, un long et fidèle souvenir.
Un jour, en 1848, celui qui écrit ces lignes, arrivé de la veille au barreau, venait de plaider devant
la cour d'assises un procès politique. Le journal qu'il
défendait avait été acquitté, et l'esprit de parti, si
prompt et si facile dans ses illusions, se plaisait à
faire de cet acquittement un succès pour le jeune
avocat. Deux jours après, celui-ci recevait de M. de
Saint-Félix une lettre toute pleine des plus cordiales
effusions. « Je suis arrivé à un âge, disait en termi-
» nant l'aimable vieillard, où l'on n'est plus ni en-
» thousiaste ni louangeur, mais je n'ai pu résister
» au plaisir de saluer les premiers pas dans le monde
» de celui que j'ai connu si enfant, et dont j'ai tant

» aimé le père. » Tant de sympathie exprimée en des termes si délicats, ce retour vers les images vénérées de mon foyer natal, me laissèrent profondément ému. Pardonnez-moi, Messieurs, l'intimité de ces détails. M. de Saint-Félix m'honorait de la plus affectueuse bienveillance; maintes fois il m'en a donné des marques, et vous ne m'en voudrez pas, vous qui m'avez confié le soin de prononcer son éloge, si j'adresse ici à sa mémoire les derniers accents d'une bien sincère gratitude.

Pendant ses loisirs de 1828, M. de Saint-Félix publia une brochure dont quelques pages sont devenues, après quarante ans écoulés, d'une actualité si saisissante que je me plais à secouer la poussière qui les couvre, et à les remettre en lumière. Sous ce titre : *Lettres d'un ami à un ami sur les affaires du moment*, l'auteur signalait les embarras divers qui entravaient dans sa marche le gouvernement de la Restauration. Il ne faut pas croire, disait-il, que toutes les difficultés viennent de l'intérieur et il examinait alors les douloureuses conséquences des traités que la France avait été obligée de subir au lendemain de ses désastres, et dont la haine et la mauvaise foi se faisaient contre la royauté une arme si cruelle. Ces traités, qui donc en était responsable envers le pays? Ce n'étaient point les Bourbons, ils étaient venus se placer comme des sauveurs entre l'Europe exaspérée et la France envahie; non, c'était l'ambition effrénée d'un seul homme, et c'étaient aussi les puissances conjurées, abusant contre nous de leur victoire, sacrifiant à d'égoïstes calculs, à de misérables rancunes, tous les principes d'une politique éclairée et prévoyante.

« Le congrès de Vienne, disait M. de St-Félix, » préoccupé du danger que la France avait fait courir

» à tous les États pendant les dernières guerres , et
» composé de souverains auxquels un peu d'enivre-
» ment était peut-être pardonnable , a fait la part du
» lion dans son partage de l'Europe, en laissant après
» lui des irritations difficiles à calmer , des malaises
» presque impossibles a guérir. Toute la politique du
» congrès a consisté dans l'agrandissement sans
» mesure de l'Autriche, dans une perfide augmentation
» de territoire pour la Prusse et la Bavière, afin de
» mettre leurs intérêts de limites en opposition avec
» leurs intérêts de conservation , mais surtout, dans
» une intention trop peu voilée d'abaisser la France
» et de l'isoler complètememt. De là la création du
» royaume des Pays-Bas, l'humiliante démolition d'Hu-
» ningue , les cessions de Sarrelouis et de Landau ,
» la fallacieuse institution du duché de Luxembourg...
» L'Autriche et la Russie ont voulu refouler la France
» de manière a lui enlever toute influence, tout moyen
» de s'agrandir , tandis qu'on la réduisait à des pro-
» portions sans harmonie avec celles des autres États.
» L'Angleterre a voulu lui ôter tous ses points militaires
» hors du continent, et ne lui laisser que des comp-
» toirs déshonorés. Les puissances étaient les plus
» fortes , la France a dû subir la loi rigoureuse qu'on
» retournait contre elle avec justice peut-être, mais
» très-impolitiquement à coup sûr..... »
» Sous ce rapport, le congrès de Vienne a rendu un
» mauvais service a l'Europe et comme il est dans les
» vues de la Providence que le plus coupable soit le
» plutot puni , il est probable que l'Autriche ex-
» piera la première l'acharnement qu'elle a mani-
» festé contre un état avec lequel elle ne manquait
» certes pas de liaisons de famille de tout genre. (1)•

(1) *Lettres d'un ami à un ami sur les affaires du moment ;* pages
8 , 9 et 10. — Paris 1828 , Dentu éditeur.

Ainsi parlait M. de St-Félix en 1828. Ne vous semble-il pas, Messieurs, que ces pages prophétiques relues en 1867, témoignent d'une véritable hauteur de vues et d'un sens politique d'une rare finesse? Fermons maintenant la brochure de 1828; d'ailleurs je ne serai pas toujours d'accord avec elle, et je ne puis m'en étonner; inspirée par les luttes si vives qui agitaient alors le pays, elle devait en réfléter les exagérations et les ardeurs. Laissez-moi pourtant y recueillir encore, a la fin d'un chapitre attristé par de sombres pressentiments, cette parole qui n'était pas une menace, mais une promesse: « Les temps, disait M. de Saint-Félix, n'ont » point changé ceux dont la conscience est le seul » guide, ils sont prêts. »

La promesse fut tenue, Messieurs; réintégré dans l'administration et Préfet de la Vienne en 1830, il vit venir la révolution de juillet, et refusa de s'incliner devant elle. Dès qu'il connut les événements dont Paris était le théâtre, il réunit autour de la Préfecture les troupes peu nombreuses qui se trouvaient à Poitiers, et leur confia la garde du drapeau. Cet appel d'un homme de cœur à des hommes de cœur fut entendu, et le vieux symbole de la monarchie flottait encore le 8 août sur l'hôtel de la Préfecture; il ne s'abaissa qu'au départ du Préfet de Charles X, lorsqu'il lui fallut enfin quitter ce poste qu'il avait si bien et si dignement gardé.

Commencée avec la Restauration, la carrière politique de M. de Saint-Félix se termina avec elle. Lorsque le Gouvernement nouveau fut parvenu a maîtriser les colères de la révolution, et que l'ordre sembla renaître dans la France apaisée, il aurait pu, comme bien d'autres, rentrer dans les fonctions publiques; il ne le voulut point, et resta inébranlable dans sa fidélité. Ne le plaignons pas cependant d'avoir ainsi préféré la mauvaise fortune à la bonne ; tout sacrifice accepté sans murmure, tout devoir accompli sans hésitation et sans regret, laissent au cœur une joie ineffable ; il y a là pour la conscience d'un honnête homme une de ces voluptés que les esprits vulgaires sont incapables de comprendre, et que les âmes vénales sont condamnées à ne jamais ressentir.

Certains hommes sont tellement dévorés de l'amour du pays qu'ils ne veulent en aucun temps laisser à d'autres l'honneur de le servir ; parvenus sur les plus hauts sommets, ils possèdent le merveilleux secret de s'y maintenir immuables, tandis que tout change et s'écroule autour deux. Ces dévouements obstinés à la chose publique ne me touchent point et je me sens, je l'avoue, peu enclin à cette indulgence dont on essayait naguère, dans une grande solennité académique, de nous faire un devoir (1). Sans doute en un pays où les révolutions se succèdent avec une si effrayante rapidité, il serait insensé de prétendre que tout homme qui occupe un rang, quel qu'il soit, dans la hierarchie des services publics, doit fatalement tomber avec le Gouvernement qui tombe ; mais en admettant une large et nécessaire tolérance, proclamons bien haut que certaines situations n'ont pas le droit d'en réclamer le bénéfice et que pour elles un serment est une chaîne que rien ne devrait briser. Soyons donc inexorables pour qui ne sut pas la porter faute d'honneur ou de courage, et si nous voulons garder la dignité de nos hommages, réservons-les, sans distinctions d'opinion et de parti, pour les nobles et fières âmes qui ne voulurent servir ici-bas qu'un seul maître et un seul drapeau !

(1) Académie française. Eloge de M. Dupin par M. Nisard à la réception de M. Cuvillier-Fleury.

M. de Saint-Félix rentra au château de Mauremont la
tête haute, mais le cœur brisé; ses regrets et ses larmes
accompagnaient son vieux roi dans la voie douloureuse
de l'exil ! Il pensa que les événements qui venaient de
s'accomplir devaient rompre tous les liens qui pou-
vaient le rattacher encore à la vie publique , et il ne
voulut point profiter du mandat de député que lui
avait conféré le département de la Haute-Garonne, aux
élections qui précédèrent de si peu de jours la révolution de juillet. Désormais, son existence tout entière
fut consacrée aux devoirs si doux du foyer domestique
et à des travaux longtemps abandonnés qu'il reprit
aussitôt avec la ferveur d'un néophyte.

Ne croyez point cependant que les agitations de son
pays , ses prospérités ou ses revers, l'aient jamais
trouvé indifférent ; il avait une foi trop vive et des
convictions trop arrêtées pour pouvoir se désintéresser
des hommes et des choses de son temps ; il se plaisait
aux mâles soucis que le patriotisme inspire, et pendant
la seconde période de sa vie, il entra volontiers dans
toutes les luttes qui lui semblèrent compatibles avec
les souvenirs de son passé.

C'est à Mauremont que nous allons suivre maintenant M. de Saint-Félix. Vous n'avez point oublié combien il aimait l'Agriculture, il s'y adonna de nouveau
avec une énergie de volonté et une force d'application
qui ne se ralentirent jamais. Curieux des méthodes nouvelles il se hâtait de les éprouver; heureux de pouvoir
ensuite répandre autour de lui le bienfait de ses exemples, il s'empressait de divulguer ce que l'expérience
lui avait appris et le compte serait long des publications tour-à-tour savantes ou familières dont les
différentes branches de l'économie rurale lui fournirent
le sujet. L'Agriculture, ainsi comprise a tout l'attrait
d'une science, et tout le charme d'un délassement. Sans

doute c'est encore une lutte, le sol que fouille la charrue ne livre pas volontiers ses richesses, il faut les lui arracher, mais dans cette lutte si l'esprit est en éveil, et si le corps se fatigue, l'âme se repose; la terre semble avoir pour elle un doux et pénétrant arôme qui lui apporte un calme bienfaisant, et je ne m'étonne point lorsque je vois des hommes d'état ou d'illustres orateurs que d'ingrats Athéniens ont exilé de l'arène, se complaire avec délices dans les paisibles travaux des champs (1).

Ces travaux n'étaient pas les seuls qui occupaient M. de Saint-Félix. Il y avait au château de Mauremont un asile préféré où les heures n'étaient jamais longues, où le temps s'écoulait sans qu'il y songeât. Là, dans une vaste salle à peine suffisante, se trouvait une bibliothèque qu'il avait formée avec un soin jaloux et que chaque jour encore il se plaisait à enrichir. Du milieu de ses enfants qui l'entouraient avec leur mère de tant de respects et de tendresse, il aimait à passer au milieu de ses livres et à retrouver dans sa chère solitude le travail qu'il avait quitté la veille; tantôt c'était un auteur nouveau dont il achevait la lecture, notant ensuite les impressions qu'il en avait gardées; tantôt c'était un ouvrage qu'il préparait et dont il réunissait les matériaux avec un soin minutieux et une ardeur toute juvénile.

C'est en 1838 et 1839 que M. de Saint-Félix publia son travail le plus important, un *Précis de l'histoire des peuples anciens*, qui ne forme pas moins de quatre volumes. Je ne sais, Messieurs, si cette publication arrivait à une heure bien opportune.

(1) *Dix ans d'Agriculture*, par M. de Falloux.

Qui nous délivrera des Grecs et des Romains?

s'écriait un aimable poëte au commencement de notre
siècle. Cette spirituelle boutade avait fait fortune ; on
avait tellement abusé des souvenirs de Rome et d'A-
thènes , que les plus patients avaient fini par en être
lassés. Un mouvement général avait entraîné tous les
esprits vers les sources si peu explorées de notre histoire nationale. Fatigués de nous occuper des autres ,
nous avions voulu nous chercher nous-mêmes dans un
passé que des auteurs trop crédules avaient si souvent travesti ; ce grand mouvement, auquel nous avons
dû tant de travaux qui seront l'éternel honneur de notre
siècle , durait encore en 1840, et je me doute que l'at-
tention publique n'était guère disposée à se préoc-
cuper outre mesure des Assyriens ou des Mèdes, de la
Macédoine ou de la Phénicie.

Aussi bien le livre de M. de Saint-Félix était de
ceux qui passent à travers la foule sans l'émouvoir ,
mais qui provoquent toujours la reconnaissance et
l'estime dans le monde si restreint des véritables éru-
dits. Ce qu'il y a dans ces quatre volumes imprimés
en petit-texte, et dont les marges ont conservé l'honnête discrétion des ouvrages classiques , ce qu'il y a
de science profonde , de connaissances variées, de
recherches infatigables, je ne pourrais vous en donner
ici une idée juste et suffisante. Géologie, linguistique,
géographie , religion , philosophie , l'auteur a tout
abordé dans cette laborieuse histoire des nations dis-
parues. Pour composer un tel ouvrage, il fallait la
persévérance et l'érudition d'un bénédictin. N'est-ce
point là , Messieurs , le plus bel éloge que je puisse en
faire ?

Elu Mainteneur des Jeux Floraux , M. de Saint-
Félix entra à l'Académie le 21 avril 1839. Autant que
son vaste savoir et ses importants travaux , l'indépen-

dance de son caractère et la dignité inaltérable de sa vie, l'avaient désigné aux suffrages d'une Compagnie qui s'est toujours montrée aussi jalouse de son honneur que de son vieux renom littéraire. J'ai recherché dans vos annales les traces que M. de Saint-Félix y avaient laissées. Dans son discours de réception, il se plut à affirmer ses énergiques préférences pour les vieux maîtres et les vieux chefs-d'œuvre, mais ce culte du passé ne le rendait ni intolérant, ni aveugle, et volontiers il reconnaissait que l'imitation des anciens s'était autrefois trop sévèrement imposée au génie français. Il ne se lassait point d'admirer nos immortels classiques, mais son admiration, si elle était fervente, n'était point exclusive ; même il ne s'indignait pas contre les nouveautés du langage dont quelques-unes lui semblaient d'ailleurs d'heureuses réminiscences de la verve incontestée de nos aïeux. C'était là, me paraît-il, une critique ferme, élevée, qui dédaignait les lieux communs et voulait juger sans parti pris.

Le nouveau mainteneur fut bientôt après chargé de prononcer la Semonce. Dans les usages d'autrefois la Semonce n'était qu'une invitation adressée aux poëtes pour les appeler au jeux du Gai savoir ; mais elle s'est depuis longtemps transformée, nos lointains devanciers auraient peine à la reconnaitre, et elle sert aujourd'hui au développement d'un sujet librement choisi d'esthétique ou de critique littéraire. M. de Saint-Félix apporta à l'Académie une belle étude sur l'art dramatique chez les peuples étrangers. Dans ce remarquable travail il avait habilement groupé une foule d'aperçus ingénieux sur le théâtre Allemand, Anglais, Italien et Espagnol. C'est ainsi que votre regretté confrère, comme un navigateur que rien ne lasse, abordait tour à tour sur toutes les plages, et recherchait les manifestations de l'esprit humain sous le ciel de toutes les patries.

Longtemps assidu à vos réunions et à vos fêtes. M. de Saint-Félix avait depuis plusieurs années cessé peu à peu d'y venir ; c'est qu'il était arrivé aux derniers confins de l'âge , et qu'une tendre et vigilante sollicitude le gardait captif au foyer domestique. Aussi bien à tous les bruits du dehors il avait préféré toujours les silencieux labeurs de sa paisible retraite. Si uniforme que fût cette vie absorbée dans l'étude et la méditation, jamais elle ne lui avait semblé monotone, et je ne m'en étonne plus en voyant combien il y eut dans ses œuvres de variété et d'imprévu. Parmi celles qui furent publiées, à côté de l'*Histoire des peuples anciens* je rencontre un beau livre sur l'*Architecture rurale*, qui obtint plusieurs éditions. Plus loin , le *Manuel du cultivateur* et le *Traité des assolements* forment un piquant contraste avec un *Dictionnaire français des racines hébraïques ;* je n'ai pu cette fois lire que le titre , mais ne suffit-il pas à nous prouver de nouveau combien cet intrépide chercheur aimait à remonter vers les sources les plus lointaines de la science ? Voici maintenant des *Etudes sur le gouvernement et l'administration* , puis encore un *Projet de nouvelles divisions territoriales ,* qui nous ramènent aux choses de la politique , dont ne tarde pas à nous distraire un intéressant travail sur *les Termes comparés de la botanique en langue française et en langue romane.* Quelle diversité dans cette énumération que je laisse d'ailleurs incomplète , et que de rapprochements inattendus !

Ainsi s'écoula , Messieurs, la seconde moitié de cette longue existence. Dieu épargna aux dernières années de M. de Saint-Félix les infirmités et la décrépitude. Sa vieillesse fut douce et sereine, le temps

passait sur sa tête et ne la courbait pas ; aussi lucide
était son intelligence, aussi ferme son vouloir. Peu
de mois avant sa mort, il publiait un dernier volume
dans lequel, sous le titre de *Lectures chrétiennes*, il a
adapté à chaque fête de l'année les textes sacrés qui
s'y rapportent, et une méditation religieuse qui leur
sert de commentaire. Une savante dissertation sur les
livres saints, quelques rapides aperçus sur le dogme
et sur la morale évangélique, servent d'introduction
à ce pieux travail.

« Puissent ces lectures, dit en terminant M. de
» Saint-Félix, inspirer un jour à quelque indifférent
» le désir de recourir lui-même à une étude plus ap-
» profondie des livres sacrés, et lui suggérer la pensée
» de prier pour le vieillard qui écrivit cet ouvrage,
» afin que par le Dieu de toute bonté soient atténuées
» les erreurs et les fautes nombreuses qui ont pu dé-
» parer une vie déjà bien longue, mais pendant la-
» quelle la grâce lui a permis que sa foi n'ait jamais
» fléchi. »

Il me semble entendre, Messieurs, les touchantes
supplications de ces auteurs du vieux temps qui ne
savaient point terminer un livre sans demander hum-
blement au lecteur l'aumône d'une prière. Ces élans
d'une piété à la fois si ardente et si naïve ne peuvent
laisser indifférents que ceux-là qui n'ont jamais éprouvé
le bonheur de croire aux immortelles promesses et d'es-
pérer en elles. M. de Saint-Félix venait à peine d'écrire
ces lignes lorsque le dernier jour arriva ; mourir avec de
telles paroles sur les lèvres n'était-ce pas bien mourir
après avoir si bien vécu ? Il s'éteignit au château de
Mauremont le 16 août 1866, âgé de quatre-vingt-deux
ans, au milieu des larmes de ses enfants et en pres-
sant une dernière fois la main de la femme toujours
aimante, toujours forte, toujours dévouée, qui avait été

pendant cinquante-six ans son inséparable compagne.

Telle fut la vie de M. de Saint-Félix. A étudier cette vie toujours si pure, dont les œuvres furent si abondantes, et dont les grandes lignes ne fléchirent jamais, j'ai éprouvé, Messieurs, un charme qui dure encore. Plus on se rapproche pour mieux en saisir les traits de cette forte et loyale nature, et plus on se sent attiré vers elle. Fidèle aux plus chères traditions du vieil esprit français, M. de Saint-Félix en avait gardé l'exquise urbanité, l'aimable courtoisie; mais sous ces gracieux dehors et ces douces façons, dernière et charmante image d'un monde à jamais évanoui, il portait une âme virile, une volonté toujours sûre d'elle-même, une conscience inexorable. Homme de foi dans la plus large acception de ce mot, il croyait aux devoirs qui obligent, aux promesses qui enchaînent, aux joies austères du sacrifice, au travail qui fortifie et console; il croyait à toutes les grandes et saintes choses, qui dans la cité des hommes sont un reflet de la cité de Dieu. Tel il se montra en servant son pays, tel au milieu des épreuves qui sillonnèrent sa route et tel encore pendant les heures si bien remplies de sa longue retraite. Tous ceux qui ont connu M. de Saint-Félix s'associeront aujourd'hui aux pieux hommages dont nous couronnons sa mémoire; le souvenir de ses mâles vertus ne périra pas, il est de ceux qui affermissent les courages et relèvent les cœurs.

Vous venez aujourd'hui, Monsieur, prendre rang parmi nous. (1) Les sympathies unanimes qui ont accueilli votre candidature disent assez combien elle

(1) M. de Sambucy-Luzençon.

répondait à toutes les exigences de l'Académie. La fortune permet à qui la possède les douceurs de l'oisiveté,
et bien nombreux sont autour de nous ceux qui en abu-
sent. Vous aviez l'âme trop fière et l'intelligence trop
haute pour ne pas repousser ce dangereux privilége, et
libre dans vos loisirs, vous avez, comme M. de Saint-
Félix, volontairement courbé votre vie sous la loi aus-
tère du travail. Vous êtes devenu l'un des plus intrépi-
des pionniers de cette noble science qui fait revivre
chaque jour à nos regards charmés les débris d'un passé
longtemps méconnu. Vous aimez surtout à fouiller les
entrailles de la terre et à leur demander les secrets
qu'elles nous cachent encore sur les prem ers âges du
monde. Maintes fois, vous avez livré à la publicité les
résultats de vos précieuses conquêtes et nons avons pu
alors nous convaincre qu'avec le plus vif amour de la
science vous possédez aussi l'art si difficile de la
vulgariser sans l'amoindrir. Je m'arrête ; le hasard qui
n'est pas toujours aveugle, a choisi au milieu de nous
pour vous souhaiter aujourd'hui la bienvenue un de
vos plus brillants émules (1) ; je ne veux pas plus longtemps empiéter sur ses droits, ce serait trop m'exposer,
et vous, Monsieur, vous auriez trop à y perdre.

(1) M. de Toulouse-Lautrec.

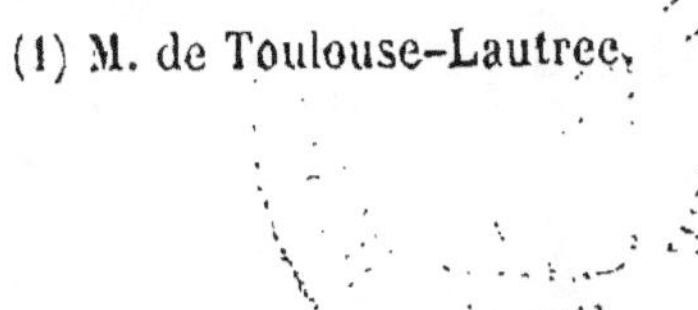

Toulouse, Impr. Douladoure ; Rouget Frères et Delahaut, succ*, rue St-Rome, 39